BEI GRIN MACHT SICH IHR WISSEN BEZAHLT

Innovationsmanagement im eSport. Trends, Zielgruppe und Marktanalyse

Lukas Faria

Bibliografische Information der Deutschen Nationalbibliothek:

Die Deutsche Nationalbibliothek verzeichnet diese Publikation in der Deutschen Nationalbibliografie; detaillierte bibliografische Daten sind im Internet über http://dnb.d-nb.de abrufbar.

ISBN: 9783346631497
Dieses Buch ist auch als E-Book erhältlich.

Druck und Bindung: Books on Demand GmbH, Norderstedt Germany
Gedruckt auf säurefreiem Papier aus verantwortungsvollen Quellen

Das vorliegende Werk wurde sorgfältig erarbeitet. Dennoch übernehmen Autoren und Verlag für die Richtigkeit von Angaben, Hinweisen, Links und Ratschlägen sowie eventuelle Druckfehler keine Haftung.

Das Buch bei GRIN: https://www.grin.com/document/1184677

Deutsche Hochschule für
Prävention und Gesundheitsmanagement
Hermann Neuberger Sportschule 3
66123 Saarbrücken

Einsendeaufgabe

Fachmodul:	Forschung und Entwicklung in Sportmärkten
Studiengang:	Sportökonomie (Master)
Datum Präsenzphase:	19.04.2021 – 22.04.2021
Name, Vorname:	Faria, Lukas
Semester:	**Sommersemester 2020**

Inhaltsverzeichnis

1 Trend-, Markt- und Konsumentenforschung am Beispiel eSport

Im Folgenden werden die Vorteile des eSport-Marktes dargestellt und Maßnahmen zur Verbesserung des Markenimages und Steigerung der Markenbekanntheit in der Zielgruppe der 15- bis 30-Jährigen eines Unternehmens aus der Bankenbranche entwickelt.

1.1 Datenanalyse

Eine klare und allgemeingültige Definition des Begriffs „eSport" ist in der Literatur kaum bis gar nicht zu finden, da der Begriff vielschichtig ist. Der eSport-Bund Deutschland e. V. (ESBD) hat auf seiner Mitgliederversammlung vom 26.10.2018 folgende Definition verabschiedet (eSport-Bund Deutschland, 2018):

„eSport ist der unmittelbare Wettkampf zwischen menschlichen Spieler/innen unter Nutzung von geeigneten Video- und Computerspielen an verschiedenen Geräten und auf digitalen Plattformen unter festgelegten Regeln."

Dass der Begriff eSport mit unterschiedlichen Ansätzen und Schwerpunkten definiert werden kann, zeigt sich in der Definition von Dr. Jörg Müller-Lietkow. Er beschreibt eSport als „[...] das wettbewerbsmäßige Spielen von Computer- oder Videospielen im Einzel- oder Mehrspielermodus. eSport versteht sich entsprechend des klassischen Spielbegriffs und erfordert sowohl Spielkönnen (Hand-Augen-Koordination, Reaktionsschnelligkeit), als auch strategisches und taktisches Verständnis (Spielübersicht, Spielverständnis)" (Lorber, 2015).

Eine dritte Definition bietet der Verband der deutschen Games-Branche e. V. „game", der den Begriff eSport als einen Wettstreit in Computer- und Videospielen bezeichnet. „Im Esport findet ein Wettbewerb zwischen zwei oder mehr Personen mithilfe von Computer- und Videospielen unter festgelegten Regeln statt [...]. Die Basis von Esport bilden Computer- und Videospiele, die wettkampfmäßig von Einzelspielern und Teams – auch Clans genannt – gespielt werden können." (game–Verband der deutschen Games-Branche e. V., o. J.).

Im eSport gibt es, wie im klassischen Sport, Disziplinen oder Titel, die als Computer-spiele bezeichnet werden, in denen Spieler in Ligen oder Wettbewerben unorganisiert und organisiert gegeneinander antreten. Die für die deutsche Branche derzeit relevantesten eSport-Disziplinen sind League of Legends (Strategie), Counter-Strike: Global Offensive (Taktik-Shooter), StarCraft II (Strategie) und FIFA (Sportspiel). Darüber hinaus gibt es eine Reihe weiterer Spiele wie Overwatch (Taktik-Shooter), Heroes Of The Storm (Stra-tegie), NBA2KX (Sportspiel), Rocket League (Sportspiel) und Call Of Duty (Shooter). Die eSport-Disziplinen unterscheiden sich deutlich in ihrer grundlegenden Spielmecha-nik, die in die Kategorien Strategiespiele (RTS - Real-Time Strategy, MOBA - Mul-tiplayer Online Battle Arena), Ego-Shooter (FPS - First-Person-Shooter) sowie Sport- und Rennspiele und Simulationen eingeteilt werden (eSport-Bund Deutschland, 2018). Spieler von eSport-Disziplinen werden als E-Sportler und E-Athleten bezeichnet und or-ganisieren sich in sportvereinsähnlichen Spielgemeinschaften, die auch Clans genannt werden (game - Verband der deutschen Games-Branche e. V., o. J.). Obwohl die Popula-rität des digitalen Sports in Deutschland und weltweit stetig wächst und sogar in Ländern Südostasiens als Breitensport gilt, wird eSport in Deutschland nicht finanziell gefördert. Dies liegt daran, dass der Deutsche Olympische Sportbund (DOSB) eSport nicht als offi-zielle Sportart anerkennt (Deutscher Olympischer Sportbund e. V., 2018).

Die folgende Tabelle gibt einen Überblick über die Organisation von eSport.

Tab. 1: Organisation von eSport (eigene Darstellung)

Verbandsstrukturen	
eSport-Bund Deutschland e. V. (ESBD): • repräsentiert bundesweit den organisierten e-Sport und seine Sportlerinnen und Sportler in Deutschland • Am 26. November 2017 durch 22 Teams, Ver-eine, Veranstalter und eSport-Organisationen gegründet • 68 Mitgliedsorganisationen Quelle: eSport-Bund Deutschland, 2018	Als Fachsportverband ist der ESBD sowohl für Po-litik und Verwaltung als auch für Sport- und Dach-verbände der zentrale Ansprechpartner für die sportliche Ausgestaltung von eSport und die Be-lange der Athleten in dem Bereich.
eSport Verband Österreich (ESVÖ): • Gründung 2007 • 25 Mitgliedervereine Quelle: ESVÖ – eSport Verband Österreich, 2021	Zuständig für die Koordination, Förderung, Verbrei-tung, Vertretung und Weiterentwicklung des E-Sportwesens sowie die Förderung der darin tätigen Personen.

International eSports Federation (IeSF):	
• Gründung 2008 in Seoul • Gründungsmitglieder: nationale eSport-Verbände aus 9 Staaten • Aktuell 87 Mitgliedsstaaten Quelle: International ESports Federation (IeSF), 2021	Ziele: Förderung von Wachstum und Qualität im E-Sports und eine erhöhte Akzeptanz

Ligensysteme

The International (Dota 2) ist das hochdotierteste eSport-Event auf der Welt mit über 30 Millionen US-Dollar Preisgeld für das Gewinnerteam und ist damit die bekannteste Liga im eSport.
Quelle: Valve Corporation, 2021

Deutsche eSport Bundesliga (DeSBL):
- Gründung 2007
- Sie planen die Spieltage und Turniere, verwalten Teams und unterstützen aktiv alle Spieler → über 50.000 ambitionierte eSportler
- eSport Ligen Deutschland: Battlefield V, Call of Duty: Modern Warfare, Counter Strike: Global Offensive, FIFA, Fortnite, League of Legends, Overwatch, Rainbow Six Siege, Rocket League
- Ligasystem aufgebaut wie Deutsche Fußballbundesliga

Quelle: Deutsche eSport Bundesliga, 2021

Electronic Sports League (ESL):
- Weltweit führende Plattform für eSport, die Turniere über alle Spiele und Fertigkeitsstufen anbietet
- 760000 aktive Spieler sind in den verschiedenen Ligen angemeldet und kämpfen in 100 verschiedenen Computerspielen um eine gute Platzierung in den Ranglisten
- gleicht in ihrer Struktur dem Deutschen Fußball Bund

Quelle: ESL Gaming GmbH, 2021

Clans/Teams in Deutschland

SK Gaming (Deutschland ältester eSport Clan): League of Legends, FIFA, Brawl Stars und Clash Royale
Schalke04: FIFA, League of Legends
Mousesports: Counter Strike
Unicorns of Love: League of Legends
Berlin International Gaming Clan „WE ARE BIG": Counter Strike
NIGMA: League of Legends
PENTA: Counter Strike, Rainbow Six Siege; Team BCON: Ein eSport Team, das ausschließlich Menschen mit Behinderungen einschließt
Euronics Gaming: League of Legends
Quelle: Ority GmbH, 2021

Unternehmens- und Vereinsabteilungen

FC Schalke 04 e. V. Esports: League of Legends, FIFA, Pro Evolution Soccer
VFL Wolfsburg E-Sport: FIFA
RBLZ Gaming: FIFA
Engines Stuttgart e. V.: League of Legends, Overwatch, Counter Strike, Rocket League, Smash Meele, Hearthstone

Events/Wettbewerbe & Preisgelder	
Electronic Sports League Meisterschaft (ESLM) ist die höchste Klasse der Electronic Sports League im deutschsprachigen Raum	• 3 Disziplinen: Counter Strike: Global Offensive, League of Legends und PlayerUnknown's Battlegrounds • Gesamtpreisgeld ESL Pro Tour (Counter Strike): ca. 4,6 Millionen Euro
eSport Schulmeisterschaft bietet Schüler*innen die Möglichkeit, einen nationalen Schultitel zu erwerben	• Mehr als 300 Teilnehmer*innen im Jahr 2020 • 3 Disziplinen: League of Legends, Rocket League und FIFA • Hardware-Preise • Kostenlose Tickets zu Veranstaltungen und Messen
eSport World Convention	• Disziplinen unter anderem Counter Strike: Global Offensive und Call of Duty • Eine der ältesten Wettbewerbe • Ca. 5 Millionen US-Dollar Preisgelder
Fortnite-Weltmeisterschaft	• Gesamtpreispool 30 Millionen US-Dollar • Eines der größten Turniere
FIFA eWorld Cup	• Ca. 230.000 US-Dollar an Gewinner

In der folgenden Tabelle werden die Multiplikatoren (Kanäle und Medien) des eSport - Marktes aufgezeigt.

Tab. 2: Multiplikatoren des eSport-Marktes (eigene Darstellung)

Multiplikatoren: Kanäle & Medien	
Twitch.TV	• Kostenfreie Streaming-Plattform • Echtzeitübertragung von Videosequenzen → Interactive Live-Streaming • Mehr als 40 Millionen Nutzer pro Tag (weltweit) • 1,2 Milliarden Visits im Mai 2021
ProSiebenSat.1 Media SE	• Gründung des E-Sport-Portal „eSports.com" für Spielberichte, Interviews, Videos, Statistiken, Ergebnisse und Hintergrundinformationen
On-Demand-Video-streams: Netflix	• Dokumentationen und Spielberichte über eSport
Free TV: Sport 1	• ran eSports": Berichte über News und Highlights aus der internationalen E-Sport-Szene. • Wöchentlich wechselnde Experten betrachten Ligen und Events und analysieren einzelne Games
Public Viewing	• Idee: Format, bei dem Zuschauer große E-Sport-Turniere gemeinsam im Rahmen von Public Viewing und anderen Attraktionen eines Live-Events, wie zum Beispiel Merchandise-Käufen, Cosplay-Wettbewerben etc., konsumieren.

Weitere Online-Medien-plattformen: YouTube, Reddit und Twitter	• Kostenlose Streaming-Plattformen • Uploadmöglichkeit von aufgezeichneten Spielen und Veranstaltungen
ESL TV	• International agierender Live-Streaming Sender, der ausschließlich eSport ausstrahlt
Sky Deutschland	• Buchung eines Pakets für private Sender (Sport1+, eSports1 und SPORT-DIGITAL FUSSBALL) • Über 4000 Stunden Live-Sport • Dazu News, Magazine und Dokumentationen

Quelle: Vitale & Zhang, 2019

Im Folgenden werden die Marktdaten des eSport tabellarisch dargestellt.

Tab. 3: Marktdaten des eSport (eigene Darstellung)

Marktdaten	
Marktanteil	• eSport-Gesamtpreisgeld 2017: 121 Millionen US-Dollar • Weltweiter eSport-Umsatz 2020: 947 Millionen US-Dollar
Reichweite	• Anteil der Internetnutzer in Deutschland, die schon einmal von eSport gehört haben: 28 % (Stand: 2018; Quelle: Tenzer, 2020) • Anteil der Internetnutzer in Deutschland, die wissen, was eSport ist: 28 % (Stand:2018; Quelle: Tenzer, 2020)
Einschaltquoten	• Anteil der eSport-Zuschauer in Deutschland, die mindestens wöchentlich schauen: 12 % (Stand: 2016) • Anteil der Personen in Deutschland, die ein eSport Spiel angeschaut haben: 19 % (Stand: 2018)
Zuschauerzahlen	• Zuschauerzahlen weltweit 2020: 436 Millionen (Zuwachs: ca. 9,6 % zum Vorjahr) • Prognose bis 2024: 577 Millionen Zuschauer weltweit
Umsatzentwicklung	• Prognose zum weltweiten eSport-Umsatz 2024: 1,6 Milliarden US-Dollar • Prognose zum eSport-Umsatz in Deutschland 2024: 152 Millionen US-Dollar

Quelle: Tenzer, 2021

Schließlich beschreibt die folgende Tabelle die Charakterisierung von eSport-Interessierten (bspw. Zuschauer und Fans) sowie von aktiven Spielern.

Tab. 4: Charakterisierung von eSport-Interessierten und aktiven Sportlern (eigene Darstellung)

Charakterisierung von eSport-Interessierten (Zuschauer, Fans)	
Charaktermerkmale	• Konsumenten, die den eSport passiv über Medien verfolgen • Größte Interessentengruppe: männlich zwischen 18-24 Jahren • Frauen machen ca. 15 % der Zuschauer*innen aus • Hoher Bildungsgrad: STEM-Felder (Sciences, Technology, Enginering, Mathematics)
Beschreibung von Motiven	• Interesse am Verfolgen der Spiele resultiert aus dem eigenen Spaß am Spielen • Heutzutage: 40 % der Zuschauer üben nicht aktiv die populären Spiele aus → Expansion des eSport durch professionellere Medienkanäle → emotionales Erlebnis bei Spielen und Events
Nutzenerwartungen	• Hohe emotionale Bindung zu eSport-Games durch eigenes Spielen → Entwicklung eigener Passion zu den Games • Zudem Aufbau einer Bindung zu Spielern, Teams und Clans → Erfolge und Siege haben hohe Wertschöpfung und Zusammengehörigkeitsgefühl für Fans/Zuschauer • Neue Technologien (bspw. Virtual Reality Brille) wecken Lust und Interesse an neuen Spielerfahrungen und digitaler Selbstverwirklichung
Aktive Spieler (International)	
Bekanntheitsgrad & Reichweite	
Johan Sundstein (Dänemark)	• Instagram: 269.000 Abonnenten (Quelle: Instagram, 2021) • Twitch: ca. 223.000 Follower (Quelle: Twitch.TV, 2021) • Twitter: ca. 274.000 Follower (Quelle: Twitter, 2021) • Facebook: ca. 147.600 Abonnenten (Quelle: Facebook, 2021)
Jesse Vainikka (Finnland)	• Instagram: 110.000 Abonnenten (Quelle: Instagram, 2021) • Twitch: ca. 147.750 Follower (Quelle: Twitch.TV, 2021) • Twitter: ca. 147.000 Follower (Quelle: Twitter, 2021) • Facebook: ca. 12.500 Abonnenten (Quelle: Facebook, 2021)
Anathan Pham (Australien)	• Weltweit bekannter Dota 2 E-Sportler • Jedoch keine Daten und Fakten recherchierbar, da sein Leben sehr privat gehalten wird
Markenwerte	
Johan Sundstein (Dänemark)	• eSport Profi mit den insgesamt höchsten verdienten Preisgeldern • Meisterschaftspreisgelder insgesamt: 6.940.222,80 US-Dollar → erfolgreichste eSportler aller Zeiten nach verdienten Preisgeldern • Sieg bei The International 2018 und 2019 als seine größten Erfolge
Jesse Vainikka (Finnland)	• Sieg bei The International 2018 und The International 2019 zusammen mit seinen OG-Teamkollegen • Preisgelder in Höhe von insgesamt 6.470.548,78 US-Dollar
Anathan Pham (Australien)	• Gewinner der The International Championships 2018 und 2019 zusammen mit seinen OG-Teamkollegen • Preisgelder insgesamt: 6.000.411,96 US-Dollar

Quellen: Tenzer, 2021; Petermeier, 2020

1.2 Maßnahmenentwicklung

Zum einen kann die Bank die Möglichkeit in Betracht ziehen, einen einzelnen eSport-Sportler oder ein ganzes eSport-Team zu sponsern. Die Bank kann dem Sportler oder der Mannschaft beispielsweise Sportbekleidung und Ausrüstung zur Verfügung stellen. Dadurch kann auf der Ausrüstung und der Kleidung Werbung betrieben werden, indem das Firmenlogo der Bank auf der Kleidung des gesponserten Sportlers oder Teams platziert wird ("Mannwerbung"). Da eSport-Sportler und eSport-Teams andererseits einen hohen Bekanntheitsgrad und eine stetig wachsende Reichweite sowohl international als auch national generieren, können sie in die Medienwerbung integriert und für Werbevideos eingesetzt werden. In diesem Fall fungieren die gesponserten Athleten und Teams als Produktpräsenter und generieren folglich eine wachsende Markenbekanntheit für die Bank.

Zum anderen kann die Bank Kooperationen mit Streaming-Diensten wie Twitch.TV, ESL TV oder YouTube Gaming eingehen und so ihren Bekanntheitsgrad durch mediale Präsenz stärken. Insbesondere die kostenlose Streaming-Plattform Twitch.TV, die Videosequenzen, Live-Spiele und Events in Echtzeit überträgt, generiert täglich bis zu 40 Millionen Zuschauer weltweit. Adds, also auf der Website platzierte Werbung oder eingespielte Werbevideos, geben der Bank die Möglichkeit, ihre Reichweite stetig zu erhöhen und sich in den Köpfen der Zuschauer und eSport-Fans zu verankern.

Schließlich kann die Bank eSport-Events sowie von Gaming-Messen sponsoren. Das Ziel dieser Form des Sponsorings ist Kommunikation und Werbung. Der Vorteil aus Sicht der Bank liegt in der massenmedialen Berichterstattung, in der der Name der Bank erwähnt wird. Darüber hinaus kann die Bank auf Gebäuden und Fahnen oder auf Zuschauern bei der Veranstaltung werben, zum Beispiel durch Fahnen oder Sonnenschirme. Bei der jährlich stattfindenden Electronic Sports League Championship (ESLM) kann die Bank schließlich durch virtuelle Einblendungen auf dem Spielfeld oder regelmäßige Werbevideos auf digitalen Großbildschirmen ihre Medienpräsenz intensivieren und damit ihre Reichweite nach außen erhöhen. Auf Gaming Messen, wie der jährlichen Gamescom in Köln, können in Absprache mit dem Veranstalter ausgewählte Sponsoring-Aktivitäten durchgeführt werden, um die Zielgruppe direkt und persönlich zu erreichen und anzusprechen.

1.3 One Pager

Die folgende Abbildung stellt einen One Pager für die eSport-Marktanalyse dar.

„eSport ist der unmittelbare Wettkampf zwischen menschlichen Spieler/innen unter Nutzung von geeigneten Video- und Computerspielen an verschiedenen Geräten und auf digitalen Plattformen unter festgelegten Regeln."

eSport-Disziplinen
* Strategie
* Egoshooter
* Sport- und Rennsimulation

Spieler im eSport
* eSport-Athleten
* Organisation in sportvereinsähnlichen Spielgemeinschaften = Clans

Verbandsstrukturen
* eSport-Bund Deutschland e.V. (ESBD)
* eSport Verband Österreich (ESVÖ)
* International eSports Federation (IeSF)

Ligensysteme
* The International (Dota 2)
* Deutsche eSport Bundesliga (DeSBL)
* Electronic Sports League (ESL)

Preisgelder bei Wettbewerben
* Electronic Sports League Meisterschaft (ESLM): ca. 4,6 Millionen Euro
* eSport Schulmeisterschaft: Hardware-Preise
* eSport World Convention: 5 Millionen US-Dollar
* Fortnite-Weltmeisterschaft: 30 Millionen US-Dollar
* FIFA eWorld Cup: 230.000 US-Dollar

Kanäle & Medien
* Twitch.TV
* ProSiebenSat.1 Media SE
* On-Demand-Videostreams: Netflix
* Free TV: Sport 1
* Public Viewung
* Weitere Online-Medienplattformen: YouTube, Reddit und Twitter

Marktdaten
* Weltweiter eSport-Umsatz 2020: 947 Millionen US-Dollar
* Anteil der Internetnutzer in Deutschland, die wissen, was eSport ist: 28 % (Stand:2018)
* Anteil der eSport-Zuschauer in Deutschland, die mindestens wöchentlich schauen: 12 % (Stand: 2016)
* Zuschauerzahlen weltweit 2020: 436 Millionen
* Prognose bis 2024: 577 Millionen Zuschauer weltweit
* Prognose zum weltweiten eSport-Umsatz 2024: 1,6 Milliarden US-Dollar
* Prognose zum eSport-Umsatz in Deutschland 2024: 152 Millionen US-Dollar
* Größte Interessentengruppe: männlich zwischen 18-24 Jahren

Handlungsalternativen

Sponsoring eines eSport-Athleten bzw. einer e-Sport-Mannschaft zur Imagebesserung
Kooperationen mit privaten Streaming-Diensten für gezielte Werbemaßnahmen
Sponsorships mit eSport-Veranstalter zur Maximierung der eigenen Vermarktung

Abb. 1: "One Pager" (eigene Darstellung)

2 Vereinsentwicklung und Vermarktung

In den folgenden beiden Unterkapiteln werden Argumente für und gegen ein Investment im eSport dargestellt und erläutert. Es sei festzuhalten, dass sich der Verein auf die Sportsimulationen „FIFA" und „Pro Evolution Soccer (PES)" konzentrieren soll, da sich sowohl die traditionelle als auch digitale Sportart mit dem Fußballsport beschäftigt.

2.1 Argumente für ein Investment im eSport

Das erste Argument für eine Investition in den eSport-Markt beruht auf dem Konzept, dass der Fußballverein als Eigentümer einer eSport-Mannschaft fungiert. Mit der Gründung einer eigenen eSport-Abteilung werden in der Regel eigenständige Unternehmen geschaffen, die den Fußballverein sowohl nach innen als auch nach außen vertreten. Die Marke des Vereins wird dabei unabhängig vom realen Erfolg international repräsentiert. Hierdurch werden Marketingzwecke erfüllt und neue Partner gewonnen, die in den traditionellen Verein durch Sponsoringmaßnahmen investieren. „Durch die junge Zielgruppe des e-Sport sollen außerdem neue Interessenkreise erschlossen und durch den engen Fußballbezug der Simulation FIFA für den klassischen Sport begeistert werden" (Baumann, 2020) Folglich ist zu ergänzen, dass „e-Sport sich aufgrund seines Ecosystems gut in den Profi-Fußballverein[en] eingliedert und dort unter dem Schlagwort „Marketing" läuft" (Baumann, 2020).

Ein weiteres Argument bezieht sich auf das Sportsponsoring eines angesehenen eSport-Teams. Grundsätzlich gibt es eine Vielzahl an Sponsoringmitteln, die jedoch sinnvoll eingesetzt werden müssen, um beiden Parteien einen Mehrwert zu liefern. Durch ein Investment in Form eines gezielten und durchdachten Sponsorings zwischen dem Fußballverein und einem eSport-Team in der Fußballsimulation (vgl. siehe nächster Abschnitt) kann der Erstligist zum einen Zielgruppen erreichen, die sich dem klassischen Werbemaßnahmen entziehen und nur über bestimmte Kanäle zu erreichen sind. Zum anderen kann der Verein seine Reputation erhöhen, wenn der Erfolg und der gute Ruf des gesponserten e-Sport-Teams auf seine Marke übergeht und er eine folglich eine Imagebesserung und Reichweitenmaximierung genießt (Kainz, 2016). Schließlich kann der Verein seine Akzeptanz im Umfeld des gesponserten eSport-Teams steigern und durch die gewonnenen Sympathien neue Interessenten und Fans generieren (Kainz, 2016).

Ein drittes Argument für eine Investition in den eSport-Markt liegt im hohen emotionalen Bezug zu den eSport-Fans. Der Großteil der Fanbase eines eSport-Teams hat eine besondere emotionale Verbindung sowohl mit dem Team als auch mit den eSport-Games, die vom Team gespielt werden. Der Hauptgrund besteht darin, dass viele Fans und Zuschauer sowohl die Games selbst spielen als auch bei Sportsimulations-Games die Sportart eigenständig ausüben, so dass viele der Game-Follower auch fußballaffin im realen Leben sind. EA Sports präsentierte beispielsweise einen Zuschauerschnitt von 254.057 pro Minute und insgesamt 1.024.696 Zuschauerstunden in einer Pressemitteilung zum bisher größten EA-Sports-Event (Van Göns, 2020). Diese emotionale Bindung zum Team und zur Sportart macht den eSport-Markt sehr wertvoll für Marketingaktivitäten, da durch gezielte Werbemaßnahmen die Zuschauer des eSport-Teams zu einer eigenen Fanbase des Vereins positioniert werden können.

Darüber hinaus wäre eine Investition in Kooperationen mit Streaming-Diensten, die eSport Formate in Echtzeit online übertragen, sinnvoll. Der Verein könnte diese Idee umsetzen, indem sie finanzielle Mittel an Streaming-Dienstanbieter übertragen und im Gegenzug Pop-Ups oder Werbemittel auf deren Homepages oder in Zwischensequenzen schalten dürfen. Insbesondere die kostenlose Streaming-Plattform Twitch.TV generiert täglich bis zu 40 Millionen Zuschauer weltweit und die Zahl wächst. Zudem steigen auch die Zuschauerzahlen der eSport-Events immer weiter, da das organisierte und wettkampfmäßige Spielen von Videospielen immer größere öffentliche Beachtung findet. „Die Anzahl der Personen, die sich zumindest gelegentlich eSport-Events anschauen, belief sich im Jahr 2020 auf mehr als 435 Millionen weltweit" (Tenzer, 2021). Für Investoren bedeutet dies, durch gezielte Werbemaßnahmen eine große Masse an Leuten direkt ansprechen und folglich eine erhöhte Reichweite zu generieren.

Des Weiteren stellt der stark wachsende eSport-Markt ein aussagekräftiges Argument für eine Investition in den eSport dar. So konnten die Umsätze von 350 Millionen US-Dollar im Jahre 2016 auf 947 Millionen US-Dollar im Jahre 2020 gesteigert werden und es wird prognostiziert, dass im Jahr 2021 die Umsätze auf rund 1,08 Milliarden US-Dollar steigen werden sollen (Tenzer, 2021). Dies würde einem Wachstum von rund 12 % in fünf Jahren entsprechen.

„Neben den Umsätzen wachsen auch die Preisgelder bei Turnieren immer weiter an. Mittlerweile liegt das Preisgeld bei großen eSport-Turnieren regelmäßig im siebenstelligen Bereich. Vor allem das Spiel Dota 2 stellt mit der Turnierreihe „The International" jährlich neue Rekorde auf: Beim Turnier „The International 2019" betrug das Gesamtpreisgeld rund 34,3 Millionen US-Dollar", sagt Tenzer (2021). Perspektivisch wird davon ausgegangen, dass eSport Sportarten wie Basketball, Handball oder Eishockey überholen wird, jedoch noch keine klare Konkurrenz der deutschen Fußball-Bundesliga trotz respektabler Umsatzerlöse und Zuwächse bei den Fans bietet. Zusammengefasst ist zu sagen, dass die Zahlen für sich sprechen und der eSport-Markt einen enormen Stellenwert für Sportler, Fans und Außenstehende einnimmt. Für Sponsoren und Investoren ergeben sich dadurch viele Möglichkeiten vom wachsenden eSport-Markt zu profitieren.

Zuletzt wird das Argument aufgefasst, dass neue Technologien und digitaler Fortschritt zu positiven Veränderungen im eSport führen können. Obwohl in den traditionellen Sportarten regelmäßig kleine Veränderungen durch technische Hilfsmittel, wie beispielsweise die digitale Torlinientechnik beim Fußball, vorgenommen werden, verändert es insgesamt den Charakter der Sportart nicht. Beim eSport haben technische Änderungen sowie Innovationen einen viel größeren Einfluss, da sie die Spielmöglichkeiten und Games grundlegend beeinflussen und weiterentwickeln. Eine grundlegende Innovation stellt hierbei der Bereich „Virtual Reality (VR)" dar. Mit Virtual Reality Headsets haben Nutzer und Spieler die Möglichkeit, ihr Spiel selbstständig zu gestalten und in einer projektierten 3D-Welt spielerisch oder kompetitiv zu agieren (Pfalz-Express, 2020). Dadurch entstehen sowohl für den gesamten eSport-Markt als auch für Investoren neue Möglichkeiten, um Teil der neuen virtuellen Welt anhand gezielt geschalteter Werbe- und Kommunikationsmaßnahmen zu werden und dadurch ihren Bekanntheitsgrad erhöhen zu können.

2.2 Risiken im eSport

Der erste Risikofaktor, der sich gegen ein Investment in den eSport richtet, bezieht sich auf den Konflikt zwischen Vereinsanhängern und dem digitalen Neuland der eSport-Szene. Mitarbeiter und Fans des Vereins sind heutzutage zumeist noch durch konservative und klassische Werte geprägt, inwiefern ein Sportverein sich nach innen und außen repräsentieren soll. Die eSport-Szene hingegen wächst erst seit ein paar Jahren und stellt für viele Leute eine gewisse Unerfahrenheit und Unwissen in der digitalen Sportart dar.

„Konservative Stimmen wollen die Identität des Vereins nicht verwässern und sehen in der Integration des eSport keinen Nutzen" (Lange, 2017). Zudem lässt die eSport-Szene es an manchen Stellen noch an Professionalität vermissen und das schreckt einige Vereine ab, so dass sie zweimal überlegen, bevor sie sich auf ein Terrain wagen, das sie nicht kennen (Lange, 2017). Dies erfordert maximales Vertrauen und das muss sich die eSport-Szene erst erarbeiten (Lange, 2017).

Ein zweiter bedeutender Risikofaktor ist der finanzielle Mehrwert, der durch den Einstieg in den eSport-Markt nicht erreicht werden kann. Für viele Investoren ist der Markt noch nicht greifbar, weil die eSport Szene mit ihrer Zielgruppe sehr speziell ist und es einer hohen Aufklärungsarbeit der Branche bedarf. „Hinzu kostet es Geld, denn die Wettbewerbe in FIFA oder PES sind finanziell bei Weitem nicht so ertragreich wie in anderen eSport-Sparten." (Lange, 2017). Da im eSport jede Menge Geld steckt und das auch für die Verbände und Vereine der Fußballigen interessant ist, sollte sich der Erstligist ein geeignetes Konzept aufbauen. Anderweitig ist die Gefahr zu hoch, mehr Geld in den e-Sport zu investieren als daraus zu profitieren.

Neben dem Risikofaktor eines möglichen negativen finanziellen Mehrwertes stellen des Weiteren die fehlenden Strukturen im eSport eine große Herausforderung für Investoren des eSport-Marktes dar. Andere Sportarten wie Fußball, Handball oder Basketball verfügen über professionelle Organisations- und Verbandsstrukturen, die beispielsweise verschiedene Eventformate, Meisterschaften oder Messen organisieren. Anders als im asiatischen Raum, in dem professionelle Verbände klare Vorschriften und Richtlinien für den eSport vorgeben, befindet sich der europäische und insbesondere deutsche eSport-Markt noch in einem fortlaufenden Prozess (Banse, 2020). Investoren sehen im europäischen Raum keine Möglichkeit, sich durch Dachverbände finanziell abzusichern und sich auf beschlossene Vorschriften und Regeln bei der Durchführung von Ligen oder Meisterschaften rechtlich zu verlassen.

Sofern der Fußballverein in ein eSport-Team, beispielsweise in Form eines Sponsorings, investiert, besteht die Gefahr von Doping durch Mannschaftsmitglieder. Wie bei traditionellen Sportarten ist Doping auch im eSport weit verbreitet. Hierbei werden insbesondere Dopingmittel genutzt, um die Konzentrations- und Reaktionsfähigkeit zu erhöhen (Daum, 2020).

„Um Doping und andere unlautere Mittel im E-Sport zu verhindern, stellen die privaten Veranstalter und Lizenzinhaber der elektronischen Spiele als Regelgeber eigene Turnier- und Wettbewerbsregeln auf. Danach werden Zuwiderhandlungen zum Beispiel mit der Disqualifikation des gesamten Teams, einer jahrelangen Sperre des einzelnen Spielers […] sowie der Aberkennung von Siegen und deren Prämien sanktioniert", so Daum (2020). Daher ist Doping gegenwärtig immer noch ein sehr großer Risikofaktor für e-Sport-Investoren, da das eigene gesponserte oder finanziell unterstützte Team durch Dopingkonsum von großen, wichtigen und mit hohen Preisgeldern verbundenen Turnieren oder Ligen disqualifiziert werden. Folgerichtig muss der Investor zum einen mit fatalen finanziellen Konsequenzen rechnen, da mögliche Einnahmen verloren gehen. Zum anderen kann durch die eSport-Community ein Shitstorm auf das eSport-Team fallen, der sich auf den Investor überträgt und sich dadurch sein Image verschlechtert.

3 Innovationsmanagement

Im Folgenden soll eine Vereinsanalyse durchgeführt und darauf aufbauend Möglichkeiten entwickelt werden, um dem Negativtrend der Mitgliederentwicklung entgegenzuwirken.

3.1 Problemerkenntnis

3.1.1 Ist-Situation

Der FC Colonia Mühlheim e. V. ist ein konventioneller Sportverein, der auf einfachen Organisationsstrukturen aufbaut und durch konservative Werte geprägt ist. Obwohl der Verein mehrere Abteilungen, unterschiedliche Veranstaltungsformate und eigenes Merchandising besitzt, muss er in den letzten Jahren einen Negativtrend der Mitgliederentwicklung dokumentieren.

3.1.2 Interpretation der aktuellen Lage

Nach Betrachten des Organigramms des Vereins FC Colonia Mühlheim e. V. ist zu erkennen, dass es sich um einen kleinen bis mittelgroßen Verein handelt, der durch eine konventionell einfache und konservative Vereinsstruktur aufgebaut ist.

Dies ist daran zu erkennen, dass der Verein lediglich zwei Personen in der Vereinsführung besitzt, die sich um den Betrieb und die Organisation kümmern. Unter diesen sind vier Vereinsmitglieder für weitere administrative und finanzielle Aufgaben verantwortlich. Zwei Besitzer, ein Schriftführer sowie ein Kassenwart definieren diese Ebene. Ein weiteres Zeichen für die recht überschaubare Größe des Vereins sind die acht verschiedenen Abteilungen. Schließlich ist zu erkennen, dass der gesamte Verein ausschließlich von Ehrenamtlichen geführt und geleitet wird. Daraus lassen sich folgende Charakteristika für den Verein schließen und definieren.

Die Vereinsverantwortlichen des FC Colonia Mühlheim e. V. sind ausschließlich ehrenamtliche Tätige, die den Verein nebenberuflich verwalten und leiten. Da nur die wenigsten Mitarbeiter festangestellt sind, wird die Vereinsführung sowohl nach innen als auch nach außen stark vernachlässigt. Dies hat den Hauptgrund, dass sie sich durch das Ehrenamt nicht zu 100 % auf den Verein konzentrieren und maximales Engagement leisten können. Dass die Vereinsarbeit nach außen anhand von Marketingmaßnahmen und Mitgliederbindung und der Akquise von neuen ehrenamtlichen Helfern sowie nach innen in Form einer Senkung der Mitgliederfluktuation verbessert und intensiviert werden muss, kennzeichnen ein noch nicht vorhandener Social Media Auftritt sowie eine nicht zeitgemäße und von den beiden Beisitzern des Vereins nebenberuflich erstellte Homepage. Ein weiteres Problem des Vereins ist der hohe Altersdurchschnitt, der in allen Abteilungen, bis auf den Fußball, dokumentiert wird. Auch bei Vereinsveranstaltungen nehmen in der Regel nur die langjährigen Mitglieder teil, so dass keine innovativen und zeitmodernen Ideen von jüngeren Vereinsmitgliedern eingebracht und vorgestellt werden. Letztlich weist die Selbstvermarktung des Vereins in Form eines Fanschals, der jedoch ein „Minus-Geschäft" darstellt, und eines quartalweisen Vereinsheftes, das es lediglich als Printform gibt, eine zu geringe Präsenz auf, so dass ein Negativtrend der Entwicklung der Mitgliederzahlen manifestiert wird.

3.1.3 Auswirkungen

In der folgenden Tabelle werden Auswirkungen auf die zukünftige Entwicklung des Vereins dargestellt.

Tab. 5: Überblick über Auswirkungen auf die zukünftige Entwicklung des Vereins (eigene Darstellung)

Auswirkungen auf die zukünftige Entwicklung des FC Colonia Mühlheims e. V.
Steigende Mitgliederfluktuation
Dem Negativtrend der Mitgliederentwicklung zufolge werden in den folgenden Jahren weiterhin mehr Mitglieder den Verein verlassen, als dass neue hinzukommen. Dies darf zwar nicht auf alle Abteilungen bezogen werden, jedoch sinkt die Gesamtmitgliederzahl kontinuierlich. Sofern der Verein keine Maßnahmen gegen eine Weiterentwicklung dieses Trends einleitet, wird die Fluktuationsrate weiter steigen und der Verein weitere Mitglieder verlieren.
Sinkende Neumitgliederzahlen
Aufgrund mangelnder und ungenügender Marketing- und Werbemaßnahmen werden potenzielle Neukunden und Interessenten zu wenig angesprochen und treten möglicherweise in andere Vereine der Umgebung ein. Folglich sinkt die Zahl an Neumitgliedern, wohingegen die Zahl der Mitgliederfluktuation steigt.
Mangelhafte bis fehlende Neumitgliederakquise
Da der Verein eher konventionell und konservativ hinsichtlich neuen modernen Kommunikationswegen auftritt, werden zu wenige potenzielle Neukunden und Vereinsinteressenten zu einem Einstieg in den Verein geleitet. Zudem führen nicht vorhandene Neumitgliederaktionen, wie beispielsweise „Mitglieder werben Mitglieder" oder „Bei Vertragsabschluss keine Servicegebühr!", zu einer mangelhaften bis fehlenden Neumitgliederakquise. Auch die nicht mehr zeitgemäße vereinseigene Homepage stellt möglicherweise zu wenig Informationen dar und schreckt insbesondere junge Interessenten ab.
Sinkende Attraktivität & Imageverschlechterung des Vereins
Die mangelhafte Eigenvermarktung durch nur einen einzigen Merchandising-Artikel und durch das Vereinsheft in Printform, der nicht vorhandene Social Media Auftritt und insbesondere der recht hohe Altersdurchschnitt in fast allen Abteilungen führt zu einer sinkenden Attraktivität für insbesondere junge bestehende sowie neue Vereinsmitglieder. Folglich sinkt das Interesse am Verein und es kann zu einer Verschlechterung des Vereinsimages bei den jungen Sportler*innen kommen.
Gefahr einer Insolvenz
Ein Negativtrend der Mitgliederentwicklung bedeutet, dass die Mitgliederzahlen über einen gewissen Zeitraum kontinuierlich sinken. Je weniger Mitglieder ein Verein verzeichnet, desto geringer sind seine Einnahmen durch die Mitgliedschaften. Die Kosten für Mitarbeiter, Trainer und den Boden sowie für das Equipment, die Instandhaltung der Vereinsgebäude und Sportanlagen sinken jedoch nicht und müssen weiterhin bezahlt werden. Wenn der Verein auf Dauer mehr Kosten als Einnahmen generiert, werden zu einem bestimmten Zeitpunkt Schulden aufgebaut und der Verein läuft Gefahr insolvent zu werden.
Mangelhafte Bekanntheitsgradsteigerung
Eines der Vereinsziele lautet: „Bekanntheit des Vereins erhöhen". Da der Verein nicht im Social Media aktiv ist und eine Homepage betreibt, die nicht mehr zeitgemäß ist, ist seine Präsenz für potenzielle Neukunden und Interessenten kaum vorhanden. Aufgrund mangelnder und ungenügender Marketing- und Werbemaßnahmen erhöht sich der Bekanntheitsgrad des Vereins nur sehr gering bis gar nicht. Hinzu kommen nur zwei Vereinsevents pro Jahr, bei denen der Verein für sich und seine Angebote werben kann. Zusammenfassend ist zu sagen, dass das Ziel einer Bekanntheitsgradsteigerung durch unzureichende Werbe- und Kommunikationswege nur mangelhaft erreicht werden kann.

3.1.4 Kundensegmentierung

Im Folgenden wird eine Kundensegmentierung des FC Colonia Mühlheims e. V. tabellarisch dargestellt.

Tab. 6: Übersicht der Kundensegmentierung (eigene Darstellung)

Kundensegmentierung			
Kriterien / Kundensegmente	Geographisch (Wohngegend)	Soziodemographisch (Gehalt)	Verhaltensorientiert (Preisorientierung)
Kinder, Jugendliche & Studenten/Azubis,	Relative Entfernung und Nähe zum Vereinsstandort	Gering bis nicht vorhanden	Geringe Zahlungsbereitschaft aufgrund geringer finanzieller Mittel
Berufstätige	Mittlere Entfernung zum Vereinsstandort aufgrund verstärkter Mobilität	Mittel bis hoch	Mittlere Zahlungsbereitschaft wegen erhöhter Priorität für Alltagsausgleich
Senioren & Rentner	Mittlere bis weitere Entfernung zum Vereinsstandort	Rentenabhängig: mittel bis hoch	Hohe Zahlungsbereitschaft, da Sportvereine eine wichtige Rolle im Leben von Senioren einnehmen (familiäres Umfeld, sozialer Kontakt, präventiver Sport für eigene Gesundheit)

3.1.5 Methodenauswahl

In den folgenden Darstellungen werden die drei Kundensegmente des Vereins mit jeweils einer Methode beschrieben.

Tab. 7: Jobs to be done – Methode (eigene Darstellung)

Kinder, Jugendliche & Studenten/Azubis – Jobs to be done
• Funktion (die eigentliche Aufgabe): Sportliche Aktivitäten ausüben, unterschiedliche Sportarten ausprobieren, menschliche Fähigkeiten (Koordination, Kondition, Reaktion etc.) aufbauen und verbessern
• Soziale Seite: Pflege des sozialen Umfelds, Freundschaften pflegen und aufbauen, Sport in sozialer Gesellschaft
• Emotionale Seite: Spaß mit Freund*innen beim Sport, Ausgleich zum Schul- und Unialltag, Selbstverwirklichung anhand von Interesse und Motivation am Sport

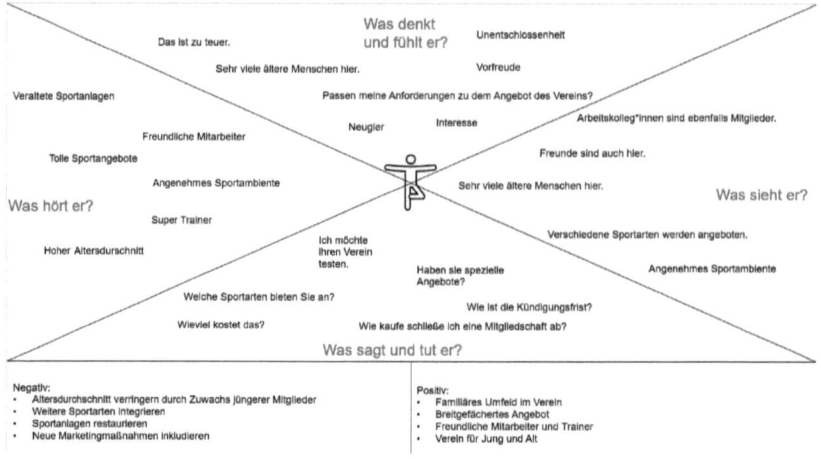

Abb. 2: Empathie-Karte: Berufstätige (eigene Darstellung)

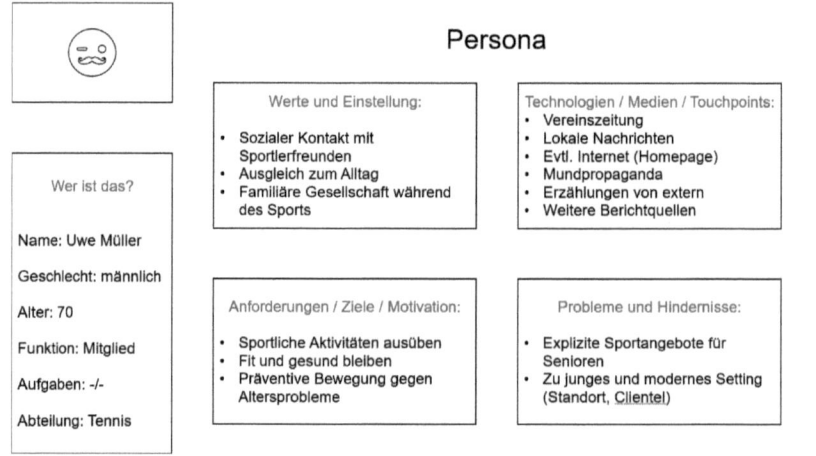

Abb. 3: Persona – Methode: Senioren & Rentner (eigene Darstellung)

3.2 Ideenfindung – Brainstorming

Die folgende Tabelle bietet eine Übersicht von fünf verschiedenen Ideen für ein innovatives Produkt bzw. eine innovative Dienstleistung, die für den Verein passend sind.

Tab. 8: Übersicht von innovativen Ideen (eigene Darstellung)

Vereins-App (App=Applikation):

Die Erstellung einer App bietet dem Verein eine weitere Plattform, auf der alle Informationen, Angebote und Details zum Verein übersichtlich und transparent dargestellt werden können. Dies ermöglicht eine verstärkte Öffentlichkeitsarbeit, der Kreis der Interessenten wächst und damit auch die Zahl der potenziellen Neumitglieder. Zum anderen kann der Verein direkter mit den App-Nutzern arbeiten, indem die App als "Pflichtmedium" für Vereinsveranstaltungen oder Kursanmeldungen genutzt wird. So wird die Kundenbindung und -pflege durch die verstärkte Teilnahme an "Specials" vorangetrieben. Gleichzeitig werden die Identifikation und emotionale Bindung der Mitglieder und Mitarbeiter an den Verein intensiviert.

Social Media Marketing:

Das Auftreten im Social Media Bereich spielt in der heutigen Zeit eine entscheidende Rolle bei einer gezielten Steigerung des Bekanntheitsgrades und einer Imagebesserung. Je mehr und besser man in den verschiedensten Social Media-Kanälen (Facebook, Twitter, Instagram, etc.) aufgestellt ist, desto verstärkt kann der Verein Werbemaßnahmen, auch Social Media-Marketing genannt, nach außen betreiben. Diese erhöhen die Möglichkeit, speziell neue junge Interessenten und Neumitglieder zu akquirieren. Allein in Deutschland nutzten im Jahre 2020 88% der 14- bis 19-jährigen und 90% der 20- bis 29-jährigen der befragten Internetnutzer soziale Netzwerke (Rabe, 2021). Aufgrund dieser sehr starken Social Media-Nutzung und einer geringen Streurate kann zum einen die Vereinsbekanntheit enorm gesteigert sowie eine eigene (Fan-) Community aufgebaut werden. Folglich können neue Mitglieder generiert werden, wodurch die Einnahmen und der Umsatz des Vereins steigen.

Integration von Trendsportarten:

Trendsportarten sind neue innovative Sportarten, die sich von den traditionellen Sportarten abgrenzen. Durch die Einführung von Trendsportarten in das Kursprogramm bekommt der Verein ein Alleinstellungsmerkmal und kann sich hierdurch von anderen regionalen Sportvereinen absetzen. Insbesondere die Studenten/Azubis und Berufstätige werden hierbei angesprochen, da speziell dieses Kundensegment hohes Interesse an Innovationen im Sportbereich zeigt.

Online-Kampagnen mit Sponsoren:

Mit Hilfe von Online-Kampagnen, die in Kooperation mit Sponsoren durchgeführt werden, kann der Verein eine verstärkte Neukundenakquise sowie Kundenbindung- und pflege betreiben. Besondere Aktionen und Partnerschaften zu anderen Sportvereinen oder Unternehmen aus der Region (Sponsoren) führen zu einer Identifikation mit dem Verein. Anhand der digitalen Werbemaßnahmen für die Online-Kampagne erhöht sich die Reichweite und der Bekanntheitsgrad des Vereins insbesondere bei den Studenten und Azubis sowie Berufstätigen.

Digitales Personal Training:

Geprägt durch die Corona-Pandemie wurde das Konzept des digitalen Personal Trainings immer bekannter und beliebter. Auch der Verein kann dieses Konzept als weiterer Digitalisierungsschritt ins Auge fassen und ein weiteres innovatives Angebot darbieten. Mit Hilfe von digitalem Personal Training werden primär die Kundensegmente der Berufstätige und der Senioren & Rentner angesprochen. Vorteil hierbei ist die flexible zeitliche und lokale Trainingsgestaltung, da das Training über das Internet stattfindet. Außerdem können mehrere Teilnehmer*innen gleichzeitig betreut werden, so dass keine Kapazitätsprobleme entstehen.

3.3 Selektion

Die App bietet eine einfache und übersichtliche Darstellung aller Informationen über den Verein. Spontane Informationen, wie beispielsweise ein Kursausfall, kann sofort über die App an die Mitglieder geschaltet werden, so dass sie zeitnahe Updates bekommen. Ein weiterer Vorteil der App bietet der vielfältige digitale Medieneinsatz. Hierbei können Fotos und Videos von vergangenen Veranstaltungen, Presseartikel über den Verein und weitere Postings dazu beitragen, die Öffentlichkeitsarbeit des Vereins zu intensivieren und den Bekanntheitsgrad zu erhöhen. Da 86 % der Deutschen ein Smartphone besitzen, kann der Verein über die App eine verstärkte Reichweite erzielen und Maßnahmen zur Imagebesserung einleiten (Tenzer, 2021). Die Inhalte der App gliedern sich in die folgenden Kategorien: Informationsübersicht, Rechtliches, Mediennutzung und Verlinkungen zu weiteren Kanälen.

3.4 Konkretisierung

Der erste Auslöser für die Kundensegmente des Vereins wird durch die direkte, einfache und jederzeit von überall mögliche Informationsbeschaffung definiert. Der Vorteil ist hier insbesondere, dass kurzfristige Aktualisierungen oder Änderungen zeitnah über die App veröffentlicht werden können und die Mitglieder schnell informiert werden. Darüber hinaus kann sich der Nutzer flexibel und unkompliziert weitere Informationen oder Links zu Partnern und Sponsoren des Vereins beschaffen. Die Handlung als zweiter Schritt markiert das Herunterladen der App auf die Smartphones der Mitglieder. Diese sind motiviert und gespannt, was man mit der App machen kann und wofür sie nützlich ist. Die App signalisiert dem Mitglied, dass sie ihm bei vielen Dingen hilft und die Informationsbeschaffung vereinfacht. In der Folge merkt das Mitglied dies und ist beeindruckt, dass es mit Hilfe der App in vielerlei Hinsicht flexibler und schneller ist (z.B. bei der Kursanmeldung). Es gibt auch eine Premium-Version für die Vereins-App, die das Mitglied für eine monatliche Gebühr von 3€ freischalten kann. Die Premium-Version bietet zusätzliche neue Funktionen und Möglichkeiten zur digitalen Interaktion mit dem Verein. Zum Beispiel kann man nur mit der Premium-Version eine Anmeldung für eine Trainingseinheit stornieren oder verschieben, während ein Nicht-Premium-Nutzer jedes Mal den Verein anrufen muss, um abzusagen. Zusammenfassend lässt sich sagen, dass ein Mitglied, das die Vereins-App nutzt, so überzeugt ist, dass er die App selbstständig an Freunde oder andere Vereinsmitglieder vermarktet. Er investiert also Zeit und Mühe, um andere von der Nutzung der App zu überzeugen. Als Dankeschön kann der Verein dem Mitglied, das andere auf die App aufmerksam gemacht hat, beispielsweise einen Gratismonat im Verein schenken. Schließlich entsteht eine erneute Handlung.

3.5 Lean Start-up Ansatz

Hypothese 1: „Die Vereins-App hilft dem Verein, seinen Bekanntheitsgrad zu erhöhen und das Vereinsimage zu verbessern."

Um diese Hypothese zu testen, wird eine Studie mit freiwilligen Mitgliedern und Nicht-Mitgliedern durchgeführt. Der Verein verfolgt dabei zwei parallele Ansätze. Vor dem Start der App erhalten die Mitglieder einen Fragebogen mit Fragen zum Image und zur Marke des Vereins. Nach acht Wochen, nachdem die App erstellt und vermarktet wurde, erhalten die Mitglieder einen weiteren Fragebogen mit dem Thema "Vereinsimage". Die Ergebnisse zeigen, wie sich das Vereinsimage seit dem Start der App entwickelt hat. Nicht-Mitglieder erhalten ebenfalls einen Fragebogen mit dem Thema "Bekanntheit und Reichweite des Sportvereins". Das System bleibt das gleiche. Darüber hinaus überwacht der Verein die Follower- und Abonnentenzahlen seiner Social Media-Plattformen, die mit der App verknüpft sind. Anhand dieser Zahlen kann er analysieren, inwieweit die App einen Einfluss auf das Social Media-Verhalten und damit auf den Bekanntheitsgrad des Vereins hat.

Hypothese 2: „Die Vereins-App stellt für Mitglieder und Mitarbeiter das wichtigste und am regelmäßig genutzte Medium neben der Homepage und Vereinszeitung dar."

Um diese Hypothese zu überprüfen, wird eine Umfrage unter den Mitgliedern und Mitarbeitern des Vereins durchgeführt. Dazu wird ein Fragebogen mit zehn verschiedenen Fragen erstellt, um das Nutzungsverhalten der vom Verein genutzten Medien (Homepage, Vereinszeitung, Social Media, Vereins-App) zu analysieren. Der Fragebogen wird als digitaler Fragebogen mit dem Programm "Lamapoll" erstellt und anschließend auf der Homepage hochgeladen, in der App installiert, auf den Social Media-Kanälen gepostet und per Post verschickt. Da jeder Fragebogen eine andere Überschrift enthält, kann der Verein bei der Auswertung sehen, wie oft der Fragebogen über die App im Vergleich zu den anderen Medien ausgefüllt wurde. Ziel des Fragebogens ist es, herauszufinden, welches Vereinsmedium von den Mitgliedern am regelmäßigsten und häufigsten genutzt wird.

4 Literaturverzeichnis

Banse, K. (26. Februar 2020). *Esports braucht Verbände und keinen Elitismus* . Zugriff am 07.06.2021. Verfügbar unter https://www.esports.com/de/kommentar-esports-braucht-verbaende-und-keinen-elitismus-76708

Baumann, A. (27. Januar 2020). *Wie läuft Esport eigentlich im Profifußball ab?* Zugriff am 05.06.2021. Verfügbar unter https://www.lhr-law.de/magazin/e-sportrecht/wie-laeuft-esport-eigentlich-im-profifussball-ab/

Daum, O. (01. Mai 2020). *Altes Problem, neue Gefahren.* Zugriff am 07.06.2021. Verfügbar unter https://www.lto.de/recht/hintergruende/h/doping-im-e-sport-verbot-sperren-juristische-grundlagen-ueberblick/

Deutsche eSport Bundesliga. (2021). Zugriff am 31.05.2021. Verfügbar unter https://desbl.de/: https://desbl.de/

Deutscher Olympischer Sportbund e. V. (04. Dezember 2018). *DOSB und "ESport".* Zugriff am 31.05.2021. Verfügbar unter https://www.dosb.de/ueber-uns/esport

ESL Gaming GmbH. (2021). Zugriff am 31.05.2021. Verfügbar unter https://www.eslgaming.com/

eSport-Bund Deutschland. (2018). *Was ist eSport?* Zugriff am 31.05.2021. Verfügbar unter https://esportbund.de/esport/was-ist-esport/

ESVÖ – eSport Verband Österreich. (2021). *eSport Verband Österreich.* Zugriff am 31.05.2021. Verfügbar unter https://esvoe.at/

Facebook Inc. (2021). *Jesse "JerAx" Vainikka.* Zugriff am 31.05.2021. Verfügbar unter https://www.facebook.com/esjerax

Facebook Inc. (2021). *Johan "n0tail" Sundstein.* Zugriff am 31.05.2021. Verfügbar unter https://de-de.facebook.com/n0tail

game – Verband der deutschen Games-Branche e. V. (o. J.). *Esport.* Zugriff am 31.05.2021. Verfügbar unter https://www.game.de/esport/

Instagram. (2021). *iamjerax.* Zugriff am 31.05.2021. Verfügbar unter https://www.instagram.com/iamjerax/

Instagram. (2021). *og_n0tail.* Zugriff am 31.05.2021. Verfügbar unter https://www.instagram.com/og_n0tail/?hl=de

International ESports Federation (IeSF). (2021). Zugriff am 31.05.2021. Verfügbar unter https://ie-sf.org/

Kainz, O. (11. Januar 2016). *Marketing: Was bringt Sportsponsoring den Unternehmen?* Zugriff am 05.06.2021. Verfügbar unter https://digitaler-mittelstand.de/trends/ratgeber/marketing-was-bringt-sportsponsoring-den-unternehmen-19433

Lange, N. (19. Oktober 2017). *eSport und Vereine - Die Risiken und Chancen.* Zugriff am 07.06.2021. Verfügbar unter https://www.kicker.de/esport_und_vereine_die_risiken_und_chancen-708756/artikel

Lorber, M. (07. Juli 2015). *Was ist eSport? Eine Einleitung.* Zugriff am 31.05.2021. Verfügbar unter https://spielkultur.ea.de/themen/esport/was-ist-esport-eine-einleitung/

Ority GmbH. (2021). *DIE 10 GRÖßTEN DEUTSCHEN ESPORT TEAMS.* Zugriff am 31.05.2021. Verfügbar unter https://de.ority.gg/blogs/esports/10-grossten-deutschen-esport-teams

Petermeier, D. (02. Oktober 2020). *Die erfolgreichsten eSports-Profis aller Zeiten.* Zugriff am 01.06.2021. Verfügbar unter https://www.ispo.com/people/die-erfolgreichsten-esports-profis-aller-zeiten

Pfalz-Express. (17. September 2020). *Hoch hinaus: Das sind die technischen Innovationen der Spiele-Industrie.* Zugriff am 04.06.2021. Verfügbar unter https://www.pfalz-express.de/hoch-hinaus-das-sind-die-technischen-innovationen-der-spiele-industrie/

Plünnecke, A., & Schlaffke, W. (2020). *Studienbrief Forschung und Enwicklung in Sportmärkten* (rev.24.018.000). Saarbrücken: Deutsche Hochschule für Prävention und Gesundheitsmanagement.

Rabe, L. (26. Mai 2021). *Anteil der befragten Internetnutzer, die Social Media nutzen, nach Altersgruppen in Deutschland im Jahr 2021/21*. Zugriff am 18.06.2021. Verfügbar   unter https://de.statista.com/statistik/daten/studie/727354/umfrage/nutzung-von-social-media-in-deutschland-nach-altersgruppen/

Tenzer, F. (13. Februar 2020). *Anteil der Befragten in Deutschland, die bereits von eSports gehört haben oder die Bedeutung kennen, in den Jahren 2017 und 2018*. Zugriff   am   01.06.2021.   Verfügbar   unter https://de.statista.com/statistik/daten/studie/983959/umfrage/umfrage-zur-bekanntheit-von-esports-in-deutschland/

Tenzer, F. (07. April 2021). *Anteil der Smartphone-Nutzer in Deutschland in den Jahren 2012   bis   2020   .   Zugriff   am   18.06.2021.   Verfügbar   unter* https://de.statista.com/statistik/daten/studie/585883/umfrage/anteil-der-smartphone-nutzer-in-deutschland/

Tenzer, F. (20. April 2021). *Statistiken zum Thema eSports*. Zugriff am 01.06.2021. Verfügbar unter https://de.statista.com/themen/3993/esports/

Tenzer, F. (03. Juni 2021). *Umsatz im eSports-Markt weltweit in den Jahren 2018 bis 2020 und Prognose für 2021 und 2024* . Zugriff am 05.06.2021. Verfügbar unter https://de.statista.com/statistik/daten/studie/677986/umfrage/prognose-zum-umsatz-im-esports-markt-weltweit/

Twitch.TV. (2021). *BigDaddy*. Zugriff am 31.05.2021. Verfügbar unter https://www.twitch.tv/bigdaddy

Twitch.TV. (2021). *JerAxai.* Zugriff am 31.05.2021. Verfügbar uner https://www.twitch.tv/jeraxai

Twitter. (2021). *Jesse Vainikka.* Zugriff am 31.05.2021. Verfügbar unter https://twitter.com/iamjerax?lang=de

Twitter. (2021). *Johan Sundstein.* Zugriff am 31.05.2021. Verfügbar unter https://twitter.com/og_bdn0tail?lang=de

Valve Corporation. (2021). Zugriff am 01.06.2021. Verfügbar unter https://www.dota2.com/international/overview/

Vitale, G., & Zhang, S. (19. August 2019). *Das E-Sport-Ökosystem: Medien.* Zugriff am 01.06.2021. Verfügbar unter https://www.pwc.de/de/technologie-medien-und-telekommunikation/digital-trend-outlook-2019-esport/das-esport-oekosystem-medien.html

5   Abbildungs- und Tabellenverzeichnis

5.1 Abbildungsverzeichnis

5.2 Tabellenverzeichnis